AF145338

Humor

für fast jeden

Anlass

Ausgewählte Gedichte

1. Auflage Februar 2016

Umschlaggestaltung & Layout:

Birgit Johanna Frantzen,
Gerrit Garbereder

Zeichnungen:
Birgit Johanna Frantzen

www.Starke-Einfaelle.de

Herstellung und Verlag:
BoD - Books on Demand,
Norderstedt.
Printed in Germany

ISBN   9-783-7392-3978-1

Inhaltsverzeichnis

Glückwünsche

Geburtstag

Die Blumenvase

Bis jetzt ist es noch nicht vollbracht,
das, was dich sehr glücklich macht,
doch lasse deinen Kopf nicht hängen,
die Verehrer sich um dich noch drängen.

Sollte dies der Fall bald sein,
sei er dick, dünn, groß oder klein,
so wird es täglich bei dir klingeln,
und Fleurop dir viel Blumen bringen.

Ob Rosen, Tulpen oder Nelken,
keine wird so schnell verwelken.
Und auf dem schönen, großen Tisch,
halten sie sich lange frisch.

Ja, sie entfalten ihre Pracht,
daran hätt'st du nicht gedacht.
Mit Blumen möchte er dir zeigen,
dass Herz und Liebe sich vereinen.

Wohin nur mit dem Blumenmeer,
wenn du hast keine Vase mehr?
In Anbetracht der Blumenpracht
haben wir an dich gedacht.

Ob als Deko oder nützlich Ding,
dir eine Vase Freude bring.
Sie ist grazil und zudem fein
und wird für dich das Beste sein.

Das Weinpräsent

Zum heutigen Geburtstagsfeste
wünschen alle wir das Beste.
Nun bist du neunzig Jahre alt
und machst lange noch nicht halt.

Fröhlich, fit und munter
schluckst du deinen Wein hinunter.
So sollte es auch weiter sein,
mit dem Genuss vom roten Wein.

Dieser ist sehr wohl gesund
und entfaltet gern im Mund
ein Bouquet besonderer Art
und wird mit Käse meist gepaart.

Das Weinpräsent in allen Ehren
braucht sich keinesfalls vermehren;
getrunken wird es unverdrossen
und mit Heiterkeit genossen.

Geburtstag einer Kollegin

Heute ist der Tag vollbracht,
der hoffentlich viel Freude macht.
Der Computer bleibt nun still,
das wär' des Guten doch zu viel,
denn ehe wir nach Arbeit streben,
wir lassen besser hoch dich leben.

Die Kerze

Heute ist es wieder mal so weit,
dein Geburtstag ist herbeigeeilt.
Na, da muss ich herzlich gratulieren,
brauchst dich wirklich nicht genieren.

Leider fiel mir nichts Besseres ein,
und so musst' es eine Kerze sein.
Stets solltest du jedoch bedenken,
dass diese Kerz' dein Glück wird lenken.

Zudem ist sie ein nützlich Ding,
das in der Nacht dir Freude bring'.
Diese hilft durch ihren Schein,
und das Gesuchte ist bald dein.

Fällt der Strom dir plötzlich aus,
und du hast 'ne Kerz' zu Haus,
so fühlst du dich ohn' Leid und Sorgen,
auch dann im Heim noch ganz geborgen.

Die andern aber, ohne Kerz' und Licht,
hat es wieder bös' erwischt.
Die sitzen dann, oh welch ein Jammer,
stocksteif in ihrer finst'ren Kammer.

Sollt'st in der Nacht Geräusch du hören
oder gar 'ne Flieg' dich stören,
so ist das Kerzenlicht nicht weit,
und du vom Kummer schon befreit.

Drum halt' die Kerze allezeit
in deiner Nähe stets bereit.
So ist sie schnell und effektiv
und sorgt dafür, dass nichts läuft schief.

Das gelungene Fest

Auf deinem großen, runden Feste
waren gern wir deine Gäste.
Wir haben uns sehr amüsiert
und reichlich vom Buffet probiert.

Lobeslieder tat man singen
und auch Vorträge dir bringen,
dass dabei platzten fasst die Lungen.
Wahrlich, die Feier ist gelungen.

Manches haben wir erfahren,
was du verbrochen einst in Jahren.
So konnten herzlich wir uns freuen,
brauchten den Abend nicht bereuen.

Nun danken wir dir aus der Ferne,
zum nächsten Fest kommen wir gerne.

Geburtstag im Amt

Heute zum Geburtstagsfeste
wünschen wir das Allerbeste.
Der Dienst wird heute nicht vollbracht,
da Feiern noch mehr Freude macht.
Wir heben hoch die Gläser nun
und lassen jetzt die Arbeit ruh'n.

Die Zauberrolle

Lieber Ludwig es wird kälter
und du mein Junge wieder älter,
drum wollen wir dir noch beizeiten
eine kleine Freud' bereiten.

Du hast es uns nicht leicht gemacht,
als du beim Wunsch an „Nichts" gedacht.
So mussten schrecklich wir da leiden,
um „Nichts" für dich hier aufzutreiben.

Gingen wir in jedem Laden,
doch mit Artikel „Nichts" gleich baden.
Es gelang uns dennoch quick
für dich ein zauberhafter Trick.

Ist dir bekannt wie märchenhaft
sein kann Magie und Zauberkraft?
Ich halte hier jetzt zum Verwenden
die Zauberrolle „Nichts" in Händen.

Wo „Nichts" ist, da kann „Nichts" sein,
mach' sie auf und schau' hinein.
Wirst du was finden oder seh'n?
Pass' gut auf! Was wird gescheh'n?

Das Geburtstagskind

Du bist ein Mensch, der gerne lacht,
der and'ren eine Freude macht,
stets optimistisch ist und gut,
niemanden etwas Böses tut,
der höflich ist und sehr charmant,
Humor besitzt und viel Verstand,
ein Mensch den jeder einfach mag,
so wünschen Glück wir heut' zum Tag.

Geld für den Skiheld

Lieber Erwin,
mit viel Sinn
sind wir
bei dir
hier.

Gut gemeint,
dass wir vereint
mit dir
uns hier
versammeln
ohne zu gammeln.

Leckeres Frühstück
wird mit Tück'
wie besessen
von uns gegessen.

Nach dem Probieren
wir gratulieren,
alle hier
gerne dir.

Das Geburtstagskind
toll es find',
wenn ohne zu wanken
herzlich wir danken.

Lieber Erwin,
im Brief ist es drin,
für dich als Skiheld,
natürlich das Geld.

Die Geburtstagstasse

Die schöne Tasse als Präsent
halte ich für dich in Händ'.
Du bist sicher schon gespannt;
sie ist gefüllt bis an den Rand.

Zudem ist sie äußerst schwer,
sei so gut und komm' mal her.
Wenn ich sie kann dir überreichen,
wird sie schnell von mir entweichen.

Geld wünschtest du, so soll es sein,
nimm an es schnell, es ist jetzt dein.

Die Krawatte

Krawatten,
die glatten,
mal groß, mal klein,
meist aus feinem Design,
den Hals sie umschlingen,
so kann er gelingen,
der schwungvolle Knoten,
um die Hemdsmitte zu loten.

Mal schnieke und fein,
mit toller Nadel, muss sein,
mal brav, mal verdreht,
oft vom Winde verweht,
mal quer gezogen,
vom Alkohol verbogen,
mal vom Schwitzen geweitet,
damit das Blut wieder gleitet.

Sie kann auch hemmen,
in der Türe sich klemmen,
in der Suppe ernassen
und farblich verblassen.
Einen lässt sie erschrecken,
hat sie hässliche Flecken,
doch ist sie verschlissen,
wird man sie missen.

Ferdinand
findet sie exorbitant,
gequetscht in der Lade
ist sie ihm niemals zu schade,
drum nutzt er sie brav,
als Beamter zum Schlaf.
Abends ohne zu bangen,
wird sie in den Schrank gehangen.

Als Geschenk überreicht,
sie nicht von dir weicht.
So ist die Krawatte,
für den, der sie hatte,
ein nützliches Ding,
das meist Freude nur bring.

Der vierzigste Geburtstag

Heute wirst du vierzig Jahr',
es kommen Gäste, ist doch klar.
Wir feiern gern mit dir dein Fest,
denn du bist uns're Allerbest'.

Vierzig Jahre Sonnenschein,
ließest du ins Herz hinein,
auch sieht ein jeder es dir an,
dass du hast 'nen tollen Mann.

Liebe macht bekanntlich schön
und bei netten Tangotön',
reißst du den Liebsten völlig mit,
so haltet ihr euch beide fit.

Geht's ums Wandern, Tennis, Ski,
sportlich bist du ein Genie.
Den heut'gen Tag kannst du genießen
und einmal mit Sekt begießen.

Du wirst Vierzig heut' am Tage
und machst weiter, keine Frage.
So wünschen wir dir alles Gute
auf der neuen Lebensroute.

Der fünfzigste Geburtstag

Fünf mal Zehn kannst du verbuchen,
dafür brauchst du jetzt nicht fluchen.
Das ist 'ne wunderschöne Zahl,
die du erreicht ganz ohne Qual.

Du bist fit, total gesund,
an ein, zwei Stellen etwas rund.
Du hast dich supertoll gehalten,
das Gesicht, es hat kaum Falten.

Was man da sieht, das lässt sich zeigen,
man könnt' sich glatt vor dir verneigen.
Pfiffig, spritzig und agil,
kein Weg ist dir als Mensch zu viel.

Du hast für alle stets ein Ohr,
verlierst dabei nie den Humor.
Na, so ein tolles Menschenleben
sollte lange es noch geben!

Der fünfundfünfzigste Geburtstag

Marc, für dich ist hier der Reim,
da du bist jetzt nicht daheim.
Wir gratulieren dennoch gerne,
auch wenn du schwebst in weiter Ferne,
denn mit fünfundfünfzig Lenzen
kannst du immerhin gut glänzen.

Selbst wenn das Alter etwas schmerzt,
seist du ganz liebevoll geherzt,
geküsst und einmal fest gedrückt.
Ja, dieser Spruch, der ist geglückt.

Der sechzigste Geburtstag

Sechzig Jahr', dazu ein Fest
mit so wunderbaren Gäst',
da möcht' ich herzlich gratulieren
und ein Gedicht dir präsentieren.

Die Probe jetzt mal als Exempel
versetzt dir folglich nun den Stempel,
den so mancher mit sich trägt,
wenn die Jugend an ihm sägt.

Mit sechzig Jahr und grauem Haar
bist du ein selt'nes Exemplar.
Manchem wird das Haar auch licht,
doch fällt das kaum hier ins Gewicht.

Geformt hat sich dein Bauch jetzt rund,
da du gesammelt manches Pfund.
Es zwickt stattdessen jetzt die Hose,
da sie sitzt nicht mehr ganz lose.

Die Zähne, oft sind es die dritten,
da die alten nicht zu kitten,
sollen fortan dich beglücken
und im Munde nicht verrücken.

Auch die Brille, welche Zierde,
wird dir oftmals zur Begierde,
denn vieles kannst du nicht mehr lesen,
was zuvor noch klar gewesen.

Mit Sechzig und im Ruhestand
ziehst du mit Hund an deiner Hand
durch des Parkes Grünanlage
und liest gespannt das Blatt vom Tage.

Den Stock, den brauchst du zum Spazieren,
der soll das Outfit mit garnieren.
Dieser ist auch recht bequem,
zur Stütze, wenn du bleibst mal steh'n.

Hinzu kommt mit des Alters Reife,
der Genuss von einer Pfeife.
Du steckst sie in den Mund ganz sanft,
bis dass es aus ihr nur so dampft.

Früh schon hast du musiziert,
nun wird erneut es ausprobiert.
Kräftig haust du in die Tasten,
sodass ertönt der Klimperkasten.

Und für ein gut gekühltes Bier
schreist jederzeit du gerne „Hier!"
Danach folgt sogleich ein Korn,
weiter geht's noch mal von vorn.

Pillen ganz aus Vitamin
geben Kraft und Lebenssinn.
Es stärkt Verstand und auch die Glieder,
die Lebensgeister kehren wieder.

Dein attraktiver Körperbau
zieht an noch gerne manche Frau.
Selbst mit Charme tust du nicht geizen,
kannst somit manches Mädel reizen.

Sechzig Jahr' bist du nun alt
und machst gewiss damit nicht halt.
Gesundheit, Glück sowie auch Frieden
seien bis „Siebzig" dir beschieden.
Dann sehen wir uns gerne wieder
zur Kontrolle deiner Glieder.

Der fünfundsechzigste Geburtstag

Ein dreifach jubelndes Hurra,
heut' wirst du fünfundsechzig Jahr'.
Drum wünsche ich das Allerbeste
zu deinem großen Wiegenfeste.

Alle Freunde und Verwandten
kommen nun als Gratulanten,
denn heute steigt ein großes Fest,
das niemand sich entgehen lässt.

Die Gäste bringen gute Gaben,
um sich danach den Bauch zu laben
und werden dazu sehr viel trinken,
damit sie dann nach Hause hinken.

Gesund und fröhlich mit Humor,
so kenne ich dich nachwievor.
Hättest du nichts mehr zu tun,
würdest trotzdem du nicht ruh'n.

Ja, wer dich kennt, kann das bestätigen,
du musst dich irgendwie betätigen.
Beliebt bist du bei jedermann,
weil man mit dir rechnen kann.

Dein Haus mit Bar und Garten
lässt immer auf dich warten,
dort heißt es ständig reparieren,
pflanzen, streichen und polieren.

Auch für die Nachbarn bist du da,
das ist für dich doch sonnenklar.
Ist der Abfluss dick verstopft,
wird der wieder frei geklopft.

Die Waschmaschine spielt verrückt
und wird mit neuem Teil bestückt.
Kommt die Zeit zum Bäume stutzen,
bist du jedermann von Nutzen.

Wir wissen es, es ist dein Stolz,
die Basteleien voll aus Holz,
die du perfekt gezimmert hast,
für dich kennst du halt keine Rast.

Auch wenn du hast noch viel zu tun,
wird's Zeit zum Fest dich auszuruh'n,
dieses solltest du genießen
und einmal mit Sekt begießen.

Der fünfundsiebzigste Geburtstag

Fünfundsiebzig Jahr' auf Erden,
und es sollen mehr noch werden
voller Glück und Sonnenschein,
drum lasse sie ins Herz hinein.

Täglich einmal herzhaft lachen
und regelmäßig Frühsport machen,
die Lungen auf und ab bewegen
und auch Genüsslichkeiten pflegen.

Gesund bleibst du und damit fit,
so feiern wir die Hundert mit.
Der Vers, der sollte hier begleiten
glückwünschend eine Freud' bereiten.

Geburtstagsgutschein

Die Geschenkkarte

Liebe Ruth werd' nicht verrückt,
die Vierundvierzig ist geglückt.
Alle deine Freunde hier
gratulieren herzlichst dir.

Obwohl wir jetzt nicht von dir weichen,
wird kein Geschenk man heut' dir reichen.
Eine Kart', wenn auch bescheiden,
ließ allerdings sich nicht vermeiden.

Gefüllt ist sie mit etwas Geld
für ein Geschenk, das dir gefällt.
Du darfst die Karte nicht zerreißen
und hüte dich sie wegzuschmeißen.

Das Geschenk ist reserviert
und wartet auf dich ungeniert.
Freu' dich oft und lache richtig,
die Geburtstagszahl, die ist nicht wichtig.

Der gestylte Mann

Sein Haar ist immer onduliert
und die Schuhe top poliert.
Krawatte, Hemd sind Ton in Ton,
gut ausgesucht, dass es sich lohn'.

Hose und auch sein Jackett
sind abgestimmt und ganz adrett.
Unterwäsche vom Designer,
das bringe erst mal von uns einer.

Von Kopf bis Fuß ist er gestylt,
selbst die Nägel sind gefeilt,
denn ohne seine Maniküre
verlässt der Volker nie die Türe.

Es sei doch einmal recht gelacht,
wenn dieser Mann nicht Werbung macht.
Damit dir dies auch bald gelingt,
hier dir Drugstors Gutschein winkt.

Ob Seife, Duschgel, Bodylotion,
von Sweet Harmonie bis High Emotion,
gewiss ist für dich was dabei,
such's dir aus, ja sei so frei.

Der Drogerie-Gutschein

Nicht bei des Tages schönem Licht,
alleine zeigst du dein Gesicht.
Selbst wenn sich dieser neigt zu End'
liegt es immer noch im Trend.

Damit dein Antlitz weiter blinke,
durch Creme, Make-up und auch Schminke,
besorg' dir Gutes von dem Geld,
damit du bleibst die „Frau von Welt".

Der Kosmetik-Gutschein

Jederzeit du kannst dich trauen,
in den Spiegel reinzuschauen.
Hübsch, charmant und elegant,
ganz Dame, liegt doch auf der Hand.

Bist fast noch jung und faltenfrei,
wegen kosmetischem Allerlei,
was da pflegt dir deine Haut,
damit sie nicht so schnell versaut.

Wimperntusche, Kajal, Creme
oder was man sonst auch nehme,
Make up und ein Lippenstift
vertreiben dir des Tages Gift.

In der Drogerie nach Wahl
hast du für das nächste Mal
einen Gutschein in der Hand,
so bleibst du hübsch und imposant.

Der Menü-Gutschein

Um am Abend zu entspannen
und die Sorgen zu verbannen,
gibt's nur eins, was dem entspricht,
ein italienisches Gericht.

So haben wir uns hier gedacht,
dass es dir eine Freude macht,
statt in die große Welt zu reisen
mit deiner Frau einmal zu speisen.

Dieser Gutschein hier in Ehren
sollte den Genuss gewähren,
beim Italiener gut zu essen
und den Alltag zu vergessen.

Nehmt euch recht viel Hunger mit,
so habt ihr reichlich Appetit.

Der Mode-Gutschein

Ja, die Kleidung macht den Mann,
drum ziehst du dich stets passend an,
denn in der heut'gen Arbeitswelt
nur der gestylte Mann was zählt.

Hemd, Krawatte und Jackett
kleiden stets dich top adrett.
Mit toller Kleidung im Büro,
machst du alle Frauen froh,
diesen dann, ob schlank, ob rund,
bleibt offen steh'n ihr süßer Mund.

Damit man weiter staunen kann
über den adretten Mann,
ist das Geschenk mit Freud' gemacht,
für dich als schicken Kerl gedacht.

Hochzeit

Zusage zur Hochzeitsfeier

Aus eurer Einladung hab' ich vernommen,
dass ich zur Hochzeit bin willkommen.
Könnt mich zu euren Gästen zählen,
und schaue zu bei dem Vermählen.

Auch liebe ich es mich zu laben,
an den guten, leckeren Gaben.
Drum halte ich mich jetzt bereit
und freu' mich, wenn es ist so weit.

Das Hochzeitsfest

Heut' zu eurem Hochzeitsfeste
wünschen wir das Allerbeste;
auf dass ihr allzeit euch versteht
und euren Weg gemeinsam geht.

In guten als auch schlechten Stunden
solltet ihr euch sein verbunden,
dass dieses voll gelingen mag,
wünschen wir euch Tag für Tag.

Wird leicht es auch nicht immer sein,
so seid ihr schließlich nicht allein.
Nach all den Jahren, fünf an der Zahl,
habt ihr getroffen eure Wahl.

So habt ihr zwei euch jetzt vereint,
damit in Zukunft stets die Sonne scheint.
Nun wünschen wir euch alles Gute
auf der neuen Lebensroute.

Hommage zum Silberhochzeitstag

Verständnis zeigen, Toleranz,
ja, das beginnt beim Hochzeitstanz.
Durch Dick und Dünn gemeinsam schreiten
und unerlässlich sich begleiten.

Hat man bei des Kampfes Macht
manchmal nur an sich gedacht,
so wurd' geredet, debattiert,
und hat versöhnt sich ungeniert.

Liebe ist ein Nehmen, Geben,
so wie Spinnen Fäden weben.
Nur fest und stark verbunden,
kann man einander sich erkunden.

Sich akzeptieren, wie man ist,
zeigen, dass man sich vermisst.
Vertrauen haben, geduldig sein
und sagen: „Liebster, du bist mein!"

Liebe

Junge Liebe

Träume liegen in der Luft
nicht nur bei Jung und Alt.
Es zieht ein süßer Blumenduft
und macht im Herzen halt.

Liebe ist so leicht gesagt,
doch kehrt sie bei dir ein,
wird Hand in Hand ein Weg gewagt,
der glücklich sollte sein.

Die Liebeserklärung

Tulpen, Rosen, Ringelrein
und ein Herz, das kräftig pocht,
bald wird die Liebste meine sein,
und trag' sie glücklich fort.

Hab' lange ich mich auch gewehrt
mein Herz ganz zu verschenken,
konnt' als die Liebe eingekehrt
mich selber nicht mehr lenken.

Ich sehnte mich ihr nah zu sein,
wollt' nur noch sie verehren,
und küsste sie im Mondenschein
mit zärtlichem Begehren.

Gemeinsam einen Weg zu schreiten
bei Regen, Sturm und Sonnenschein,
das Glück und Liebe uns begleiten
wünsch' ich mir für den Eheschein.

Nachwuchs

Der Nachwuchs ist da

Mama konnt' es gar nicht fassen,
hab' endlos auf mich warten lassen,
denn lange musst' im Bett sie liegen,
um mich nicht zu früh zu kriegen.

So wurde ich recht kugelrund
und kam zur Welt mehr als gesund.
Nun liegen alle mir zu Füßen;
ein Wonneproppen lässt euch grüßen.

Glückwunsch zum Nachwuchs

Hallo Baby, herzlich willkommen,
von Mama haben wir's vernommen,
dass du auf Erden hier gestrandet
und bei den „Meiers" bist gelandet.

Drum wünschen wir zum Neubeginn,
hab' viel Lustiges im Sinn.
Du weißt, dass das Familienglück
gern auf den Nachwuchs fällt zurück.

Ein Baby erzählt

Freut euch mit mir allemal,
denn vorbei ist jede Qual.
Gedauert hat es etwas länger
Mama wurd' es bang und bänger.
Jetzt aber bin ich da,
räbäh, räbäh, hurra!

Kann bereits schon lachen
und täglich in die Hose machen,
auch das Schreien macht mir Spaß,
denn meistens ist die Hose nass.

Ja, das kann ja heiter werden,
mach' es gemütlich mir auf Erden,
lasse stündlich Milch mir geben
und mich rauf und runter heben,
danach gleich ins Bettchen bringen
und mir dazu ein Ständchen singen.

Bin ich als Baby still zufrieden,
ist allen Glück und Ruh' beschieden.

Prüfung

Die Prüfung

Ach, wie ist das wunderbar,
wie ein Fisch im Wasser klar,
frei und unbeschwert der Sorgen,
die du gehabt an jenem Morgen,
nun kannst blicken voller Glück
auf den Prüfungstag zurück.

Du hast gelernt gar Tag und Nacht
und manche Stund' mit Fleiß verbracht.
Auch morgens schon in aller Frühe,
denn lohnen soll sich der Arbeit Mühe.

Gar mittags noch beim Butterbrot,
hast du beim Büffeln deine Not.
Nach Feierabend bist du geschafft,
Ankunft zu Haus, mit letzter Kraft.

Du schaltest ein den Plattenspieler
und lässt dich in den Sessel nieder.
Gestreckt von dir sind alle Viere,
du hörst Beethoven auf dem Klaviere.

Betört von diesen schönen Tönen,
kannst du ein Weilchen dich verwöhnen,
doch bald schon plagt dich dein Gewissen,
es lässt den Ehrgeiz dich vermissen.

Dir fehlt der Eifer und die Lust,
denk' an die Prüfung, sei pflichtbewusst!
Du fasst zusammen allen Mut,
zuvor doch tät ein Tee noch gut.

Die Zeit vergeht gar wie im Nu,
du sehnst dich nach des Bettes Ruh'.
Um zwölfe dann beim Mondenschein,
geht nichts mehr in den Kopf hinein.

Müde, erschöpft und abgespannt,
wird sich nun ins Bett verbannt.
Jetzt ist er da, der große Tag,
der dir schon lang' im Magen lag.

Aufgeregt und voller Bangen
bist du in den Prüfungssaal gegangen.
Oftmals wurdest du befragt,
doch nie hat dein Verstand versagt.
Bald teilt man mit dir's Resultat,
wahrlich, ein stolzes Prädikat.

Du freust dich und bist sehr zufrieden,
sei weiterhin dir Glück beschieden,
damit mit Stolz es wird gelingen,
was alles du noch wirst vollbringen.

Die Musikprüfung

Wenn der Mensch was lernen muss,
ist es gewiss nicht nur Genuss,
doch bist du fleißig hier auf Erden,
kann aus dir noch vieles werden.

Schon in der Schule weiß ein Kind,
dass nur das Lernen etwas bringt,
und der Erfolg von Ferne weht,
auch wenn dir oft die Lust vergeht.

So wusst' der alte Schiller schon,
dass nur die Mühe bringt den Lohn
und hat ein großes Werk vollbracht,
indem er Vers' sich ausgedacht.

Die Glocke, die er niederschrieb
gar manchen in die Enge trieb.
So brach den Schülern aus der Schweiß,
als sie sie lernten voller Fleiß.

Doch nun zu dir, du Menschenkind,
glaubtest nicht, dass dir's gelingt,
gar zu vollbringen diese Tat,
die du gebracht, ganz akkurat.

Es musste nicht die „Glocke" sein,
nein, dir reicht ein Flötelein,
das du beherrschst ganz wunderbar,
als seist du ein Orchesterstar.

Du meinst es sei noch nicht soweit,
doch halt' dich jetzt schon mal bereit,
denn das Talent, was in dir steckt,
wird bestimmt schon bald entdeckt.

Lasse nicht die Flügel hängen
und durch Ehrgeiz dich bedrängen.
Du weißt, der Stress ist gar nicht gut,
spiele einfach und hab' Mut.

Glaube nur, es wird gelingen
und gewiss Erfolg dir bringen.
Drum wünsche ich dir alles Gute
für deine große Künstlerroute.

Im Laufe des Jahres

Jahreszeiten

Fastelovend

Der Karneval ist bunt und schön,
man hört nur Fastelovendstön'.
Die Narren, alle jeck geschmückt,
sind ausgelassen und verrückt.

Man ist dem Alk'hol zugetan,
erhält durch ihn mehr als Elan,
Die Stimmung, sie darf nur nicht sinken,
dann lieber mal nach Hause hinken.

Sitzungen, Prinz und tolle Sprüche,
Witze aus der Gerüchteküche,
manch einer liegt sich da im Arm
und ist dem anderen zugetan.

Nicht fehlen darf der Karnevalszug,
je nach Motto, mal witzig, mal klug.
Geworfen wird Süßes und viele Kamelle,
jetzt heißt es sich bücken, aber schnelle!

Am Aschermittwoch folgt dann die Wende,
die Narretei, sie hat ein Ende.
Jetzt katert mancher vor sich hin
und fragt sich nach dem Lebenssinn.

Nur der Fisch kann alles retten,
darauf könnte glatt ich wetten.
Drum ihr Narren, bleibt recht brav,
ich sag' „tschö wa" und „Oche alaaf"!

Der Frühling

Gehen alle Knospen auf,
hofft ein jeder Mensch darauf,
dass die liebe Frühlingszeit,
nun den Winter bald vertreibt.

Dieser ging in rauen Tagen,
so manchem an den warmen Kragen
und wollte sich mit allen Tücken
beim besten Willen nicht verdrücken.

Kommt der erste Sonnenstrahl,
wird dem Winter er zur Qual.
Es schmilzt der Schnee, es schmilzt das Eis,
die Sonne, die ist ihm zu heiß.

Sie aber lässt die Blüten sprießen
und allen ihre Wärm' genießen.
Der Winter, der ergreift die Flucht,
indem er schnell das Weite sucht.

So hat der Frühling es erreicht,
dass der Winter von uns weicht.

Ostern

Wieder ist es jetzt soweit,
es naht das Fest der Osterzeit,
wo Veilchen und Narzissen blühen;
sich um das Festtagskleid bemühen.

Der Osterhase macht sich fit
und bringt uns Frühlingsstimmung mit.
Ein jedes Zimmer sich erhellt,
beim Osterstrauß, der aufgestellt.

Oftmals erscheint die Tür im Glanz
geschmückt mit einem Osterkranz.
Und Eier, welche ausgeblasen,
werden bunt bemalt für'n Osterhasen.

Die Kinder sind ganz aufgeregt,
wenn es um's Eiersuchen geht,
welche bunt in manchem Garten
geduldig auf den Finder warten.

Das Lamm, es wandert in den Topf,
gebacken wird der Osterzopf.
Diesen rückt man schnell zu Leibe
und alsdann den Bauch sich reibe.

Bald ist die schöne Zeit vorbei,
die uns gebracht so Allerlei.
So hält ein jedes Jahr bereit
zum Frühling uns die Osterzeit.

Osterei

Lange Ohren hat der Hase
und 'ne süße Schnuppernase.
Als Wald- und Wiesentier bekannt,
wird Osterhase er genannt.

Sofern das Färben ihm gelingt,
er meistens viele Eier bringt.
Rote, grüne, blaue, gelbe,
jedes Jahr ist dies dasselbe.

Er verbannt sie voller Tücke
liebevoll in jede Lücke.
Mag er sie noch so gut verstecken,
wird jedes Kind sie bald entdecken.

Die Kleinen rufen freudig „Ei"
und los geht's mit der Sucherei.
Gern wird gezeigt des Korbes Fülle,
da fällt sogleich des Eies Hülle.

Ja, es steckt schon Zauberei
in dem bunten Osterei.

Der Winter

Oh je, oh je,
viel Schnee, viel Schnee!
Vom Himmel hoch, da kommt er her
und legt sich gern des Weges quer.

Manchmal kommt er gar in Massen
und kann das Fallen gar nicht lassen,
dann versucht man vehement
ihm zu bereiten hier ein End'.

Salz streut man und auch den Sand,
von der Mitte bis zum Rand.
Kaum wurde er auf die Seit' geschoben,
fällt erneut er uns von droben.

Man mag sich noch so sehr beeilen,
er liebt es bei uns zu verweilen.
Marschiert man stramm durch seinen Matsch,
macht es gerne pietsche-patsch.

Flecken meist uns dann begleiten,
wenn wir weiter fort so schreiten.
So kann man wirklich hier nur hoffen,
dass er von Wärme wird getroffen.

Doch wehe, es wird eisekalt,
dann macht er weiter hier noch halt.
Hart geworden, fest wie Stein,
teuflisch glatt, ja muss das sein?

Wenn aber Sonnenstrahlen weilen
und diesen harten Schnee ereilen,
dann wird langsam er uns schmelzen
und gleich sich über Straßen wälzen.

Jetzt kann er nur als Bächlein rinnen
und hat viel Zeit sich zu besinnen.
Nun kann der Frühling sogleich starten,
auf den wir lange mussten warten.

Das Glatteis

Hilfe, Glatteis, ich werd' rutschen
und alsdann den Boden knutschen.
Kaum gedacht, ist es gescheh'n,
ja, du hast es kommen seh'n.

Nun liegst du nieder auf dem Steiß,
wie dieses schmerzt, ein jeder weiß.
Ja, das sind des Winters Possen
und haben manchen schon verdrossen.

Der Schnee

Auf leisen Sohlen kommt er an
und setzt ganz weiß auf Erden dann,
sich auf alle Ding' gar nieder,
als hätt' die Erd' ein weiß Gefieder.

Nichts dergleichen wird verschont,
wenn ein Schneesturm runterkommt.
Die Kinder schreien jetzt: „Hurra,
endlich ist der Schnee nun da!"

Sie schlüpfen in die Winterschuh',
geben den Eltern keine Ruh',
denn auf die schönen Schlittenfahrten,
mussten lange sie schon warten.

Am Rodelplatz kaum angekommen,
wird ein Schneeball sich genommen,
denn eine heiße Schneeballschlacht
im Winter richtig Freude macht.

Alle Kinder sind ganz munter
und fahren schnell den Berg hinunter.
Ist die Fahrt sodann zu Ende,
zieh'n sie den Schlitten ganz behände
nun den Berg wieder hinauf,
das nehmen gerne sie in Kauf.

Selbst wenn die Kinder werden nass,
macht es allen Riesenspaß.

Vorweihnachtszeit

Adventszeit

Das wirklich Allerbeste
vor dem Weihnachtsfeste
sind die vielen kleinen Dinge,
die zur Weihnachtszeit man bringe.

Es liegt bei Kindern voll im Trend,
der Kalender im Advent.
Türchen, Säcklein oder Strumpf,
ja, der Inhalt, der ist Trumpf.

Am Sechsten dann zu Nikolaus,
stellt jeder seinen Stiefel raus.
Den Lieben bringt er nur das Gute,
den Bösen aber eine Rute.

Märchen lesen, Plätzchen backen,
reichlich Nüsse sind zu knacken,
Krippen schauen, Lieder singen,
im Advent nur Freude bringen.

Zuckerstange, deft'ger Schmaus,
aus Lebkuchen ein Hexenhaus,
Äpfel, die da sind gebraten,
uns die Weihnachtszeit verraten.

Glühwein, Punsch und leck'ren Stollen,
Christbaumkerzen, Weihnachtsbollen,
ein süßlich herber Tannenduft,
liegt uns in der Weihnachtluft.

Die Weihnachtsgans, goldgelb gebraten,
lässt Heilig Abend uns erraten.
Es brennen nun der Kerzen vier,
so feiern gern die Weihnacht wir.

Nikolaus

Guten Abend Nikolaus,
trete ein in unser Haus.
Hast du auch an uns gedacht
und uns Gaben mitgebracht?

Was mag in deinem Sack nur stecken?
Die Neugier tut er in uns wecken.
Nein, was sind wir aufgeregt!
Hat im Sack sich was bewegt?

Der Nikolaus sich zu uns neigt
und uns seine Rute zeigt.
Ward ihr artig und sehr lieb?
Sonst gibt es einen leichten Hieb.

Hast du versetzt uns einen Schreck,
die Rute, die steck' schnelle weg.
Hier bei uns im diesem Haus
sind nur liebe Kinder, Nikolaus.

Das freut mich sehr ihr Kindelein,
drum soll jetzt auch Bescherung sein.
Viele Gaben holt heraus
aus dem Sack der Nikolaus.

Die Päckchen nehmen dankend an,
wir vom lieben Weihnachtsmann.
So macht er jährlich bei und Rast,
und ist ein sehr willkomm'ner Gast.

Nikolaus, wo hängst du aus?

Advent, Advent,
es brennt, es brennt!
Der Nikolaus ist weggerannt,
weil die Schule hat gebrannt.

Alle Päckchen nebst dem Sack
trug er dabei huckepack.
Keins der Kinder wurd' beschert,
da er nicht zurückgekehrt.

Auch der Direktor war entsetzt
und ist noch hinterher gewetzt.
Trotzdem er tat sich dabei schinden,
konnte er ihn nicht mehr finden.

So fand uns damals im Advent
der Nik'laustag ein jähes End'.
HALT! Das war kein guter Scherz,
der Nikolaus, der hatte Herz.

Er kam zurück mit seinem Sack,
den er getragen huckepack,
der Kinder Herz konnt' er erfreuen
und tat gewiss dies nicht bereuen.

Nikolausnacht

Kinder, bald ist Nikolaus!
Kommt der auch zu euch ins Haus?
Meistens bringt er nur das Gute
und lässt zu Hause seine Rute.

Kinder, stellt den Stiefel raus,
damit ihn füllt der Nikolaus!
Manchmal legt er Säcklein hin
mit einer tollen Gabe drin.

Nachts, da hat er viel zu schleppen
rauf und runter all die Treppen.
Drum ist jedes Kind gespannt -
bleibt er wieder unerkannt?

So ist die Freude riesengroß,
für Kinder, da sie ahnungslos.
Tags drauf die Gaben sie entdecken,
das wollt' der Nikolaus bezwecken.

Der Weihnachtsmarkt

Nun beginnt die Weihnachtszeit,
man sieht's an Ihrem Lichterkleid,
Es erklingen immer wieder
stimmungsvolle Weihnachtslieder.

Wenn ein Fenster bunt geschmückt,
ist so manches Kind entzückt.
Gebacken wird in allen Stuben,
für die Mädchen und die Buben.

Manchmal läuten Weihnachtsglocken,
die uns auf die Straße locken.
Ja, es ist 'ne schöne Zeit,
die für uns sich hält bereit.

Den Weihnachtsmarkt, den jeder kennt,
gibt's in den Wochen des Advent.
Er ist ein festes Ritual
mit viel' Besuchern an der Zahl.

Allerlei Buden voller Zierde
in uns wecken die Begierde,
auch hat der Markt stets eine Lobby,
so stellt er aus des Künstlers Hobby.

Christbaumkugel, Handarbeiten,
dem Besucher Freud' bereiten.
Schmuck aus Stein und für die Wand,
ja, zu seh'n ist allerhand.

Geschenkartikel, Bilder, Karten,
die auf einen Käufer warten.
Modeschmuck, Keramik, Kerzen
erhellen förmlich unsre Herzen.

Dosen, Krippen, Batiktücher,
und für Kinder schöne Bücher,
auch Verlosungen wird es geben,
die den Weihnachtsmarkt beleben.

Mit heiß' Getränken immer wieder
erwärmen schnell sich unsre Glieder,
auch gehört es hier zur Sitte,
Wurstessen mit 'ner heißen Fritte.

Das Karussell, es fährt geschwind,
Bonbons gibt's für jedes Kind
und auch andere Süßigkeiten,
die zum Einkauf hier verleiten.

Den Besuchern sehr gefällt,
die Kunst, die ihnen dargestellt.
Manchem erst die Augen blinken,
nach Likör und Glühwein trinken.

Den Weihnachtsmarkt mitzugestalten
heißt tagelang fest' durchzuhalten.
Deshalb sei hier einmal betont,
dass dieser Fleiß wird gern belohnt.

Das Weihnachtspäckchen

Im Advent ist es soweit,
dann hält ein Päckchen sich bereit.
Per Post, da kommt es zu euch hin
und hat Präsente innendrin.

Von allen ist es heiß begehrt,
da es zu Weihnachten beschert.
So sollt' es sein wie jedes Jahr,
das ist für uns doch sonnenklar.

Gefüllt ist es mit leckeren Gaben,
welche Päckchen in sich haben,
auch könnt' Geschenke ihr entdecken,
welche eure Neugier wecken.

Nun wollen wir für euch jetzt hoffen,
dass wir das Richtige getroffen.
Frohsinn wünschen wir zum Feste
auf das die Weihnacht wird die Beste.

Die Weihnachtsstimmung

Wenn sich der Nik'laus hält bereit,
dann naht das Fest der Weihnachtszeit.
Nun wird verbracht so manche Stunde
im Kreise der Familienrunde.

Der Herbst, er ist vorbeigegangen,
nun hat der Winter angefangen.
Dieser ist meist nass und kalt
und bringt Eis und Schnee alsbald.

Der Himmel morgens leuchtet rot,
als hätt' das Christkind seine Not
beim Backen all der süßen Sachen,
die zur Weihnacht es muss machen.

Die Städte leuchten weit und breit
und deuten an die Winterzeit,
denn all die kleinen, bunten Lichter
nun fallen in der Mensch' Gesichter.

Wenn öffnet sich das Himmelstor,
schaut das Christkind wohl hervor,
blickt staunend auf die Erde nieder,
weil dort erklingen Weihnachtslieder.

Gespannt ist jetzt schon jedes Kind,
was denn wohl das Christkind bringt.

Die Weihnachtszeit

Advent, er hat der Wochen vier
und Nik'laustag noch im Visier.
Weihnachtsmarkt mit seinen Ständen
uns Botschaften zur Weihnacht senden.

Mit bunten Lichtern man erhellt,
die zauberhafte Weihnachtswelt.
Dekoriert wird und verziert,
Glühwein und Gebäck probiert.

Ideen reifen stets zur Freud',
für große und für kleine Leut'.
Am heil' gen Abend ist es soweit,
Stille, Frieden macht sich breit -
und wenn es läutet,
dann ist Weihnachtszeit.

Einkaufsbummel im Weihnachtsrummel

Sterne, Glimmer, Lichterschein
laden gern zum Einkauf ein.
Groß und Klein will man bescheren,
mit Dingen, die sie sehr verehren.

Schmuck aus Gold und Edelstein,
darf es für die Beste sein,
dazu ein Schal aus reiner Seid'
passend zu dem Festtagskleid.

Einen Duft ganz für den Herrn
haben Männer meistens gern.
Ist er zudem Büchernarr,
erhält er Schmöker, ist doch klar.

Puppe, Buch und bunte Knete
erhält von uns die kleine Grete.
Puzzle, Spiel und Eisenbahn
sind gedacht für Adrian.

Der Opa, der kriegt warme Socken,
so braucht er nicht am Ofen hocken,
auch könnte es ihm gar nicht schaden,
warme Unterwäsch' zu tragen.

Der Oma schenken wir mit Stolz
einen Engel ganz aus Holz
und dazu sollt' sie besitzen,
eine Deck' aus Klöppelspitzen.

Dem Onkel reicht aufs Geratewohl
man zur Weihnacht Alkohol,
und die Tante voller Ehren
bekommt Pralinen zum Verzehren.

Der Cousine in der Ferne
schickt man Aachens Printen gerne,
und unserm Nachbarn voller Güte
schenken wir 'ne Weihnachtstüte.

Kerzen, Kugeln, Weihnachtsstern
hält man nicht dem Feste fern,
kauft Fensterbilder, Lichterketten,
damit zur Weihnacht wir sie hätten.

Bis das gesucht und auch gefunden,
man in der Stadt dreht viele Runden.
Es wäre hier doch nun zum Lachen,
wenn keinen könnt' man glücklich machen.

Freude möchte man bereiten
und lässt zum Schenken sich verleiten,
drum Einkaufstaschen, Beutel, Tüten,
muss im Trubel man behüten.

Jetzt noch einen kleinen Happen,
bevor man kraftlos wird erschlappen
und noch einen Glühwein trinken,
so kann getrost nach Haus' man hinken.

Heimgekehrt mit vollen Taschen,
und Sachen, die man konnt' erhaschen,
liegt man bequem im Sessel nieder
und denkt sich „Alle Jahre wieder!"

Ist das denn nicht sagenhaft,
der Weihnachtseinkauf ist geschafft.
Ja, nun kann Bescherung sein,
am Weihnachtstag für Groß und Klein.

Gedanken zu Weihnachten

Zur Weihnacht muss der Mensch
nicht viele Gaben
haben.

Lieber an die Armen denken,
sie beschenken.

Mit Trost und Zuversicht als Zeichen,
einmal sich die Hände reichen.

Offen Freud' und Frieden teilen,
ganz bewusst in Stille weilen.

Einmal mehr einander achten,
auch das ist „Frohe Weihnachten".

Danksagung

Gerrit Garbereder gilt mein besonderer Dank,
der bei der Gestaltung meines vierten Buches
wieder sein Bestes gegeben hat, um auch dieses
professionell erscheinen zu lassen.

Für die wertvolle Unterstützung beim Lektorat
dieses Buches möchte ich mich ganz herzlich
bei Sylvia Thelen-Kollek bedanken.

Die Autorin

Geboren 1960
lebt mit ihrer Familie in Aachen

Mein erstes Buch

Starke Worte für starke Menschen

Die ausgewählten Aphorismen meines ersten literarischen Werkes „Starke Wort für starke Menschen" sollen meinen Lesern aufgrund ihres Tiefgangs ein kleiner, hilfreicher Begleiter im Alltag sein.

BoD Verlag 2014
ISBN: 9-783-7347-4447-1

www.Starke-Einfaelle.de

Mein zweites Buch

Gedanken aus der Fülle des Lebens

In diesem Buch befinden sich sowohl tiefgründige, als auch amüsante Sprüche, die aus Erlebnissen und Erfahrungen meines vielseitigen Lebensalltags heraus entstanden sind.

BoD Verlag 2014
ISBN: 9-783-7347-4450-1

Mein weiteres Buch

Humor braucht kein Rezept

In diesem Buch sind meine reichhaltigen Ideen, gepaart mit den authentischen Erlebnissen meines bunten Alltags und den Eindrücken durch die mir begegnenden Mitmenschen, in humoristischen Versen festgehalten.

BoD-Verlag 2015
ISBN: 9-783-7392-1002-5